Naiem Ahmadinejadfarsangi

Sangsues canadiennes

Naiem Ahmadinejadfarsangi

Sangsues canadiennes

(... زالو صفتان کانادا نشین (محمد رضاخاوری ، مرجان شیخ الاسلامی

Éditions Muse

Cover image: www.ingimage.com

Publisher:
Éditions Muse
is a trademark of
International Book Market Service Ltd., member of OmniScriptum Publishing Group
17 Meldrum Street, Beau Bassin 71504, Mauritius
Printed at: see last page
ISBN: 978-620-2-29899-5

Sangsues canadiennes

زالو صفتان کانادا نشین

(محمد رضاخاوری ، مرجان شیخ الاسلامی و ...)

Naiem ahmadinejadfarsangi

Table des matières

On dit que les sangsues sécrètent une variété de substances qui ont des propriétés curatives lorsqu'elles sucent le sang. La substance la plus célèbre sécrétée par les sangsues est l'héroïne; L'héroïne fluidifie le sang, ouvre les artères fermées et augmente bien sûr le flux sanguin et l'oxygénation du site. La salive de sangsue (salive) contient plus d'une centaine de types de substances vitales qui peuvent guérir diverses maladies. Les sangsues tirent le sang des profondeurs du corps mieux que les ventouses. La sangsue est un ver vampire visqueux, collant et en raison des traits ci-dessus, il est multiforme et dégoûtant. Dans la littérature iranienne, «zalosfat» fait référence à des personnes qui profitent des autres et se cramponnent à eux et sucent leur sang. J'ai besoin de cette introduction pour le résultat final, le sujet de cette note n'est pas du tout les ventouses et la médecine traditionnelle et islamique! Alors, rejoignez-moi. Je suis allé aux ventouses hier alors que les sangsues à ventouses grossissaient de mon sang (chaque sangsue aspire 5 à 15 ml de sang, soit 10 fois le volume de son corps), séparées de ses pieds pour sonner le glas. Chaque sangsue qui a été nourrie de sang et est tombée! Le médecin l'a jeté dans un bol et a saupoudré de sel dessus pour obtenir sa récompense pour avoir guéri ma maladie et ma mort! C'était une tragédie amère que j'ai vue hier dans le brouillard salin et la mort de sangsues en ventouses! Mais les sangsues économiques, en plus de sucer le sang du peuple, saupoudrent ce sel sur les blessures du peuple afin de se faire de plus en plus gros et de rapprocher le peuple de la mort progressive!

Ali (AS) et le Trésor

Parmi toutes les religions divines et les justes du monde, la vertu et la valeur ne sont pas supérieures à la justice et à la bienveillance; L'Islam, qui est la religion de l'humanisation, de la socialisation et de l'évolution; Cela place deux qualités au sommet des valeurs après le monothéisme et la base de la religion, et y attache une grande importance. Le Coran dit: Dieu a commandé la justice et la bonté Le Saint Prophète (PSL) a dit: C'est dans ce discours de Dieu que la combinaison de la piété et de la piété dit: Dieu commande la justice et la bienveillance. La justice au vrai sens du mot signifie que tout doit être à sa place; Par conséquent, tout excès ou transgression est une violation de la loi de la justice; Le résultat est que dans les affaires sociales, violer les droits d'autrui est contraire au principe de justice. Imam Sadegh (AS) dit: Les échelles de mesure sont justice. L'équilibre qui sépare précisément le bien du mal et montre la vérité, explique les dimensions et les limites de la modération, la justice est l'équilibre exact de la mesure dans tous les domaines de la vie humaine. Amir al-mu'minin Ali (AS) a déclaré: La justice consiste à donner aux gens le droit basé sur l'équité, mais il est bon de leur faire du bien en plus de payer leurs cotisations. Il a également dit: La justice est l'échelle de la mesure de Dieu, Dieu l'a fixée pour (protéger les droits) des êtres humains et l'a installée pour mettre en œuvre la vérité et l'établir.

La différence entre justice et bienveillance

La justice - comme nous l'avons dit - est de tout remettre à sa place; Comme le disait Ali (AS): «La justice est de tout remettre à sa place». Et il a également dit: La justice est la cause de l'ordre et de la réglementation et de la planification des affaires, mais la bienveillance, qui signifie grâce et bonté, est en plus de la justice. Par exemple, lorsqu'un groupe est assis dans un bus et que tout le monde est assis à sa place selon l'horaire et qu'il n'y a plus de place, alors un vieil homme entre dans le bus et il n'y a pas de place pour lui, ici tout le monde est à sa place en fonction de La justice est assise; Mais on se lève par gentillesse et on cède sa place au vieillard; Par conséquent, la gentillesse est nécessaire dans les cas sensibles, sinon les personnes handicapées en souffriront. Autre exemple: dans l'organisation du corps humain, les deux principes de justice et de bienveillance règnent, chacun étant nécessaire à sa place. Normalement, tous les organes du corps interagissent les uns avec les autres, et chaque organe travaille pour tout le corps et bénéficie des services des autres organes. C'est le principe de la justice; Mais parfois, un membre est blessé et perd la réciprocité, est-il possible que d'autres membres cessent de soutenir ce membre blessé? Définitivement pas! C'est la même chose que la bienveillance. Dans la société, pour être en bonne santé, ces deux états doivent prévaloir; Sinon, cette société n'est pas une société saine. Par conséquent, la gentillesse est une sorte d'amour et d'expression d'amitié en plus de la justice, comme le disait Ali (AS): Ehsan est une sorte d'amour et d'expression d'amitié. Oui, parfois l'ennemi de la trahison attaque une société et tue et pille, ou des événements malheureux tels que maladies, inondations, tremblements de terre et tempêtes laissent de nombreux sans-abri; Dans de tels cas, le principe de justice seul, avec toute sa puissance et son effet profond, ne fonctionne pas. La bienveillance des bienveillants, leur gentillesse et leur générosité devraient aider les personnes affligées et régler leurs problèmes; Sinon, le chef de la société sera désintégré et ses effets pervers jetteront une ombre sur l'ensemble de la société et parfois cela causera le chaos dans différentes dimensions. Avec cette explication, nous passons en revue la vie brillante d'Ali (AS) en relation avec les deux principes de justice et de bienveillance, qui sont vraiment étonnants et admirables et nous apprennent les grandes leçons de la brillante vie sociale.

Le débat sur la justice d'Ali (as) est très large et comme une mer invisible dont le rivage ne peut être atteint; Ce qui suit est un exemple: 1- Un esclave a été amené à Ali (AS) qui avait volé du trésor Ali (AS) a dit: La limite de vol devrait lui être imposée. En conséquence, il a coupé ses doigts comme vol. 2. Les injustices d'Uthman en dépensant le trésor pendant son califat ont poussé les musulmans à s'opposer fermement à lui; A leur tête, Abuzar Ghaffari, a beaucoup protesté. Finalement, Uthman a ordonné qu'Abu Dharr soit exilé vers la terre chaude et mauvaise de Rabdah; Le jour où il fut emmené de Médine à Rabdah, l'Imam Ali (AS) l'expulsa et lui dit: O Abu Dharr, tu es en colère contre Dieu, alors espère en lui; Les gens avaient peur de vous à cause de leur monde, et vous aviez peur d'eux à cause de votre religion. De cette manière, l'Imam Ali (AS), avec l'approbation d'Abou Dharr

Ghaffari, a appelé ceux qui trahissaient le trésor du monde et les a condamnés. 3- Après Uthman, les musulmans sont venus à Imam Ali (AS) avec un rassemblement unique et lui ont prêté allégeance en tant que calife. Quelques jours après cet incident, un groupe de personnes célèbres telles que: Talha, Zubair, Abdullah Ibn Umar et Saad Abi Waqas, qui a abusé du trésor pendant le califat d'Outhman, a vu qu'avec le règne de l'Imam Ali (as), leur main était coupée de l'utilisation abusive du trésor, alors ils ont fait pression sur lui par l'espionnage. Kamal s'est tenu fermement contre les appelant pervers, mondains et oppresseurs, et appelant l'abus du trésor comme une oppression contre les opprimés, et après les avoir sévèrement réprimandés, il dit: Je jure par Dieu, je prendrai l'opprimé de l'oppresseur et le retiendrais. tuez l'oppresseur pour qu'il entre dans le puits de la vérité, même s'il est malheureux. 4- Quand Ali (AS) était en charge des affaires du califat de Kufa et qu'il avait beaucoup de biens du trésor, un jour son frère Aqeel est venu le voir et lui a dit: "Je suis endetté et je suis incapable de payez-le. "Empruntez-moi." Ali (AS) a dit: "Quelle est votre dette?" Aqeel a dit: Cent mille dirhams. Ali (AS) a déclaré: "Je ne jure pas par Dieu que je peux payer votre dette, attendez que ma ration personnelle arrive, je vous aiderai au mieux de mes capacités." Aqeel a dit: Le trésor est à votre disposition, me promettez-vous toujours votre ration? Combien coûte votre ration? Si vous me donnez tout cela, cela ne guérira pas la douleur. Ali (AS) lui dit: Ô frère! Chacun de vous et moi sommes une personne par rapport au Trésor - à ce moment-là, Ali (AS) parlait à son frère à l'étage supérieur de Dar al-Amara, qui surplombait le bazar de Kufa - Ali

(AS) a dit à Aqeel: Si vous parlez, je ne vous convainc pas, allez à ces fonds qui se trouvent sur le marché et l'argent des marchands est parmi eux, et cassez-les et prenez leur argent. Aqeel a dit: Ô commandants des fidèles! M'ordonnez-vous de casser les coffres de ceux qui ont compté sur Dieu et économisé de l'argent? Ali (AS) a dit: Est-ce que vous m'ordonnez d'ouvrir le trésor qui appartient aux musulmans, même s'ils se sont appuyés sur Dieu et l'ont fermé? Et si tu veux, prends ton épée, je prendrai mon épée et nous irons ensemble à la ville de "Hirah"; Il y a beaucoup de riches marchands, nous attaquons la maison de l'un d'eux et le volons.

Aqeel a dit: Dois-je voler? Ali (AS) a dit: Si vous volez la propriété d'une seule personne, c'est mieux que de voler la propriété de tous les musulmans, car le trésor appartient à tous les musulmans. Selon un autre récit, un jour, Aqeel a demandé à son frère Ali (AS) de l'aide du Trésor, Ali (AS) a déclaré: «Attendez que vendredi arrive; Aqeel a attendu jusqu'à vendredi, après la prière du vendredi, Ali (AS) a dit à Aqeel: "Que dites-vous de quelqu'un qui trahit tous ces musulmans (qui s'étaient rassemblés dans la mosquée pour la prière)?" Aqeel a dit: "Une telle personne est une très mauvaise personne." Ali (AS) a dit: "En commandant de l'aide (plus que la vérité) au Trésor, vous m'ordonnez de trahir ces musulmans." 5- Un vieil homme nommé "Asim Ibn Maysam" est venu vers Ali (AS) - alors qu'il partageait le trésor - et a dit: Je suis vieux et dépravé, donnez-moi plus. Amir al-Mu'minin Ali (AS) a déclaré: "Je jure par Dieu! Cette propriété ne m'était pas disponible et je ne l'ai pas héritée de mon père; "C'est une confiance entre mes mains que je dois respecter." Puis, pour être gentil avec le vieil homme, il a dit à l'auditoire: Que Dieu ait pitié de celui qui est tombé sur le vieil homme. De cette façon, il a attiré les émotions des gens à propos de l'aide à ce vieil homme. 6- A Kufa, pendant le califat d'Ali (AS), un groupe d'Iraniens qui étaient autrefois esclaves des Arabes et Ali (AS) les avait libérés, s'appelait Mawlawi et Hamra, ils venaient à la mosquée tous les jours et suivaient Ali (AS) s'est assis et a apprécié, certains Arabes égoïstes au cœur sombre, comme "Ash'ath Ibn Qays" qui était un non-arabe raciste et méprisé, ont dit en signe de protestation aux commandants du Faithful Ali (AS): «Ô commandants des fidèles! Ces gens (Hamra) nous ont vaincus devant vous et vous ne les en empêcherez pas. . . "Aujourd'hui, je vais montrer ce que font les Arabes." S'adressant à lui et à d'autres comme lui, l'Imam Ali (psl) a déclaré:

«Ces Arabes rami se sont reposés dans un lit moelleux, mais les mêmes hamras (Iraniens libérés) travaillent dur les jours chauds pour gagner leur vie; Alors veux-tu que je me débarrasse de ce (pauvre) travailleur, pour que je puisse être l'un des oppresseurs? Je ne ferai jamais ça. . « Les vendredis, l'Imam Ali (AS) remettait tous les biens du trésor aux méritants et balayait le sol, puis y effectuait deux rak'ats de prière, et après la prière, il disait: "Cette prière témoignera sur le Jour du Jugement. "J'ai donné tout le trésor à ses propriétaires et je n'ai rien pris pour moi." L'un des chiites dit: Ils ont apporté des biens du trésor de la région de Jabal (Kermanshah et ses environs) à Kufa, que l'Imam, avec un ordre et un plan précis, les a spécifiés aux chefs des sept tribus (à ce moment-là, les habitants de Kufa ont été divisés en sept parties) .On leur a donné, qu'ils, distribuent tous ces biens également parmi le peuple; À la fin des travaux, une miche de pain est restée, Ali (AS) a ordonné qu'elle soit divisée en sept parties et les mêmes parties ont été réparties entre les sept parties mentionnées. 7- Dans Nahj al-Balaghah, sermon 224, une étrange histoire est racontée sur la précaution et l'exactitude d'Ali (AS) dans l'observation de la justice dans la division du trésor. Un jour, Ash'ath ibn Qays (qui était l'un des hypocrites de Cordell et un ennemi fidèle d'Ali (AS)) a décidé d'approcher l'Amir al-Mu'minin Ali (AS) avec des tours mystérieux et, dans sa fausse croyance , pourrait être en mesure de profiter davantage du trésor.Il a préparé un halva et l'a versé dans ses veines et la nuit il est venu à la maison d'Ali (AS) et a sonné à la porte; Ali (AS) a ouvert la porte, et il a offert la halva, Ali (AS) a tellement exprimé sa haine pour la halva qu'il a dit: "Comme s'il l'avait pétrie avec du venin de serpent, je lui ai dit: Est-ce halva, le pardon, la zakat ou la charité? "La Zakat et la charité sont interdites pour nous, la famille." Ash'ath a dit: Ce n'est ni zakat ni charité; C'est plutôt un cadeau, Ali (AS) a dit: «Laissez les jurons s'asseoir dans votre deuil et puissiez-vous mourir! Êtes-vous entré par la religion de Dieu pour me tromper? Êtes-vous dérangé ou fou, ou êtes-vous délirant? Je jure par Dieu, s'ils me donnent sept climats avec ce qu'il y a sous ses cieux, pour que je puisse désobéir à Dieu en prenant la peau d'un cube de la gueule d'une fourmi; Je ne veux pas, et en effet votre monde m'est inférieur à la feuille que la sauterelle a mordue et mordue; Que fait Ali au monde instable et à sa joie? ! . . «De cette manière, Ali (AS) a rejeté le cadeau de corruption d'Ash'ath et a bloqué sa voie d'infiltration et de corruption pour empiéter sur le Trésor et nuire à la justice.

8- "Bakr Ibn Isa" dit: Ali (AS) à l'époque de son califat disait au peuple de Kufa: "O Kufis! «Chaque fois que je vous quitte et que je déménage dans l'au-delà et que je ne laisse rien d'autre que ma maison et mon encre, je suis un traître. C'est un simple coût de la vie de la nourriture et des vêtements. . . Il ne l'a pas fourni avec le trésor, mais avec les produits du jardin de Yanbu, qu'il avait construit à Médine avec ses propres moyens - et ils le lui ont envoyé. Vous avez servi du pain et de la viande aux gens, mais lui-même a utilisé des aliments plus simples. Deux femmes, l'une arabe et l'autre non arabe, sont venues le voir. L'Imam leur a donné de l'argent et de la nourriture à parts égales. La femme arabe a dit: Je viens des Arabes, mais cette femme est des non-Arabes, pourquoi avez-vous pas me donner plus? L'Imam a dit: "Je jure par Dieu! "Je ne connais pas la différence entre les descendants d'Ismaël (AS) et les descendants d'Isaac (AS) dans l'utilisation du trésor." Une nuit, "Amr As" est venu à Ali (AS), Ali (AS) s'occupait de la trésorerie à ce moment-là. En même temps, il éteignit la lumière, s'assit face au clair de lune, et fit ainsi comprendre à Amr al-As, qui était venu à Ali (as) pour bénéficier du trésor, que le compte du trésor était exact et que je n'ai pas été comptabilisé. En plus de la loi de justice, je ne donne à personne du Trésor. 9-Talha et Zubair sont venus voir Ali (AS) et ont dit: À l'époque du califat d'Omar, il nous donnait plus que ce montant du trésor. Ali (AS) a dit: Combien le Messager de Dieu (PSL) vous a-t-il donné? Ils se taisaient, l'Imam a dit: Le Messager de Dieu (PSL) a-t-il distribué le trésor également entre les musulmans? Ils ont dit: Oui, il a dit: Est-il préférable de suivre la tradition du Messager de Dieu (PSL) ou de suivre la tradition d'Omar? Ils ont dit: Il vaut mieux suivre la tradition du Messager de Dieu (PSL), mais nous avons des caractéristiques telles qu'une histoire d'endurance et de difficultés pour l'Islam, et la parenté avec le Messager de Dieu (PSL). Ali (AS) a dit: Votre histoire, vos ennuis et votre parenté sont-ils plus ou mon histoire, mes ennuis et ma parenté? Ils ont dit: "Vous êtes à l'avant-garde dans ces questions." Il a dit: "Par Dieu, moi et mon mercenaire", il désigna son esclave, "sommes égaux dans l'utilisation du trésor, et à cet égard, il n'y a pas différence entre moi et mon mercenaire. " 10- Une dame nommée Soodeh dit: L'agent Ali (AS) dans notre pays était strict dans la perception des impôts; En guise de plainte de sa part, je suis allé voir Ali (AS), il s'était levé pour prier, dès qu'il m'a vu, il m'a gentiment regardé et m'a dit: "Avez-vous une demande?" J'ai raconté l'histoire, des larmes coulaient de ses yeux, il a dit: "Dieu, tu es le témoin que je n'ai pas envoyé mes auteurs au peuple pour opprimer qui que ce soit"; Puis il a demandé un morceau de peau et dedans, après avoir mentionné un verset du Coran, il a écrit: «Ô mon agent! «Quand ma lettre vous parviendra, gardez ce que vous avez, afin que je puisse envoyer un agent et il vous l'enlèvera. Puis il m'a donné la lettre qu'il n'avait même pas scellée, j'ai apporté cette lettre à l'agent, et je lui ai donné, et cette lettre était le message de congédier l'agent, il a été congédié parce qu'il était hors du royaume de Justice. Abu Raja dit: J'ai vu Ali (AS) mettre son épée en vente et dit: "Je jure par Dieu que ma vie est en sa possession, si j'avais autant d'argent que le prix d'une chemise, il ne tirerait pas mon épée. "J'ai vendu."

L'importance du trésor selon les mots du guide suprême de l'Iran

Les pires corruptions de la société sont que les gens souffrent de la corruption financière et économique et se nourrissent du trésor public à des fins personnelles et pour remplir leurs poches. La justice rend certaines personnes blessées et insatisfaites. La justice oblige ceux qui cherchent à abuser des biens publics à protester. Assurez-vous que tout le monde bouge correctement. Ne travaillez pas illégalement; Ne faites pas de choses immorales; Ne pas abuser; Ne dépensez pas du trésor; Ne bavardez pas les uns sur les autres; Ne vous insultez pas. Cette nation est aussi une nation éclairée et religieuse; C'est une nation qui croit aux idéaux de la révolution et aime la révolution. La révolution peut sauver ce pays. connaître! Si les valeurs révolutionnaires sont oubliées, aucune puissance ne pourra résoudre les problèmes de ce pays et le construire. Établir l'égalité dans l'allocation de la trésorerie Dans le système de la République islamique, le peuple doit appeler ses fonctionnaires à affronter l'oppression, la tyrannie et la corruption. Leurs critères d'acceptation d'un dirigeant et d'un haut fonctionnaire du système devraient être: lutter contre l'oppression, ne pas faire face à l'oppresseur, ne pas céder à la coercition, préserver la dignité de l'homme et de l'humanité, essayer de réaliser la vérité dans tout son formulaires et champs. Par conséquent, je soulève ces questions en public; Il semble que le commandant des fidèles ait également adressé les mêmes déclarations au peuple. Ses nobles lettres, bien qu'adressées à des particuliers, étaient lues à tous. Des sermons ont également été prononcés devant les yeux du peuple. Prenons quelques exemples: Au début de son règne, l'émir al-Mu'minin a établi l'égalité entre tous les peuples en accordant le trésor; Parce que c'était presque vingt ans avant l'émir al-Mu'minin qu'il était de coutume dans l'Islam de préférer certaines personnes à d'autres en raison de leur primauté dans l'Islam et d'être des immigrés et des Ansar, et ainsi de suite. L'argent recueilli dans le trésor - qui était le butin de guerre ou peut-être la zakat - était distribué aux individus sur une base par habitant lors de sa distribution. Telle était la tradition financière de l'époque; Ce n'était pas comme les coutumes du gouvernement mondial aujourd'hui. Il était de coutume à l'époque d'en donner davantage. Le commandant des fidèles est venu et a dit non; Quiconque est plus pieux et pieux, sa récompense est avec Dieu. Tout le monde est plus capable, il s'efforce dans la vie, et s'il cherche la richesse, il acquiert la richesse; Mais je partage le trésor également. Certaines personnes sont venues et ont conseillé et ont dit: "O Commandeur des Fidèles!" Cela vous bat et oblige certains à se tenir devant vous. Hazrat a dit: Voulez-vous que je remporte la victoire par l'oppression dans le royaume de mon gouvernement?! Oui; Je gagnerai et certains ne s'opposeront pas; Mais je ne veux pas de cette victoire. Si la fondation soutient l'Amir al-mu'minin à cause de son oppression, l'Amir al-mu'minin n'en veut pas. Il a dit: "O Dieu, donne-nous Samar Samir"; Je ne ferai jamais ça. 16/09/1380

Détruire le mensonge et établir le droit des fonctionnaires de profiter de leurs responsabilités Il n'est pas acceptable pour nous [fonctionnaires] de choisir une direction opposée à celle des commandants des fidèles. Il s'orientait vers la rigueur… Maintenant, l'objectif de notre haut fonctionnaire est-il d'accepter la responsabilité et la mission, de développer et développer son monde? Cela ne fait pas et ce n'est pas possible. J'ai dit à la même époque l'année dernière qu'il n'était pas acceptable pour un haut fonctionnaire de la République islamique, comme d'autres entreprises, de considérer ses responsabilités comme une entreprise. Les hautes responsabilités dans le système de la République islamique ne sont pas les affaires et le capital que l'homme cherche à gérer son monde. Le fonctionnaire de la République islamique n'a pas le droit de regarder la noblesse et les riches et de mesurer sa vie avec eux; Il n'a pas le droit de se comparer à ses pairs dans des régimes tyranniques. Oui; Dans les appareils tyranniques, un ministre, un directeur général et un chef ont de telles vies; Venons aujourd'hui et testons-nous avec eux et disons que nous sommes aussi des ministres et des gestionnaires!? Pas; Ce n'est pas le cas dans le système islamique. Dans le système islamique, cette mission n'est pas une proie; C'est une responsabilité et un service et un devoir sur les épaules de l'homme. Le Commandeur des Fidèles enseigne cela. À un endroit, il a écrit à Ibn Abbas: "Flayken Hazak fi Velayatk Mala Testfideh et La Ghiza Tastfiyeh". L'avantage que vous voulez retirer de votre gouvernement et de votre poste de gouverneur dans la région où nous vous avons envoyé n'est pas de gagner de l'argent ou d'étouffer la colère contre quelqu'un - vraisemblablement du pouvoir, contre quelqu'un, un groupe ou une classe avec qui. Utilisons-le. Une telle chose n'est pas permise - "mais la fausse oumma et la renaissance de la vérité"; (1) Mais votre plaisir de ce gouvernement devrait être de détruire le mensonge, ou de maintenir la vérité vivante et debout. Quelqu'un vint au service du commandant des fidèles et lui demanda de l'argent; Hazrat a dit: "Cette richesse n'est pas pour vous"; Cette propriété ne m'appartient pas, elle ne vous appartient pas; Ce trésor appartient au peuple. "Et c'est le prix pour les musulmans et pour attirer leurs visages de leur compagnie dans leur guerre"; Si vous participez aux conquêtes islamiques, vous avez votre part. «Kan Lak est comme leur grandeur, et leur idéologie ne se perd pas sans leurs rumeurs» (2) ce que les gens ont réalisé avec leurs propres moyens leur appartient. C'est la logique de l'émir al-Mo'menin face à de telles demandes Le Commandeur des Fidèles (psl), intransigeant dans la mise en œuvre des lois divines Lorsque le Prophète (paix et bénédictions d'Allah soient sur lui) est allé à La Mecque au cours de la huitième année d'AH pour le dernier Hadj - le pèlerinage d'adieu, le Commandant des Fidèles (paix et bénédictions d'Allah soient sur lui) avait une mission en Yémen. Le Prophète l'a envoyé au Yémen pour y enseigner la religion aux Yéménites; Prenez la zakat sur eux et aidez-les. Lorsque le Commandant des Fidèles (paix et bénédictions d'Allah soient sur lui) apprit que le Prophète était allé au Hajj, il se hâta à La Mecque. Zakat a été enlevé au peuple du Yémen, parmi lesquels il y avait un truc yéménite; Autrement dit, les vêtements de couture yéménites de l'époque, qui étaient très souhaitables et acceptables. Le commandant des fidèles (paix et bénédictions d'Allah soient sur lui) n'a pas eu l'occasion de voyager avec cette caravane. Il était pressé d'atteindre le Prophète; Il a donc mis un homme à la tête de la caravane pour apporter cette propriété; Il s'est également amené chez le prophète à La Mecque pour être le premier à effectuer le pèlerinage avec le prophète. Après l'arrivée de la caravane, le commandant des fidèles (que la paix soit sur lui) est allé vers eux; Mais la vision des cercles yéménites s'est divisée entre eux en l'absence de l'Imam, et chacun d'eux est venu mettre sur un beau cercle! Il a dit: "Pourquoi les portez-vous?" Ils ont dit que c'était du butin et de la zakat; Par conséquent, il nous appartient! Il a dit qu'il ne peut pas être divisé jusqu'à ce qu'il atteigne le Prophète - dans l'interprétation d'aujourd'hui, il est déposé dans le trésor; C'est contre les règles et contre la religion. (1) Il leur a donc pris les bagues. Certains n'ont pas donné, il les a pris de force. Naturellement, s'ils prennent un privilège à quelqu'un, il sera contrarié s'il n'est pas très fidèle. Ils sont venus vers le Prophète et se sont plaints au Commandeur des Fidèles (paix et bénédictions d'Allah soient sur lui)! Le Prophète a dit: Pourquoi vous plaignez-vous? Qu'est ce qui c'est passé? Ils ont dit qu'Ali était venu nous les prendre. Le Prophète a répondu: Ne blâmez pas Ali pour cela; "Il est violent dans l'essence de Dieu"; (2) c'est un homme violent en matière de régulations divines 26/01/1379 Si un fonctionnaire de Dieu dilapide involontairement dans les affaires du trésor, ou le dépense à des fins personnelles ou pour ses amis, parents et associés, il s'agit d'une violation de la justice et d'un véritable rendez-vous dans les affaires du trésor. Le trésor des musulmans doit être utilisé de la même manière qu'il est légalement prescrit, et les mêmes dépenses publiques et secteurs qui sont responsables des devoirs du pays. Par conséquent, les commandants des fidèles (paix et bénédictions d'Allah soient sur lui) ce jour-là ont apporté la rigueur à ceux qui étaient en charge des affaires du pays au point où, comme ils le disent aujourd'hui, ils ont publié une circulaire: Rasez la tête de vos stylos avec lesquels vous écrivez. Économisez le stylo, économisez du papier, économisez de l'encre! "Et la querelle entre mes lignes"; Écrivez les lignes que vous écrivez sur du papier rapprochés et enregistrez-les sur papier. "Et l'intention des significations des significations"; Écrivez le contenu nécessaire. Évitez d'en faire trop.

S'ils veulent répéter cela aujourd'hui, ce sera pour éviter de créer des appareils redondants, des embauches redondantes et des extensions redondantes. Autrement dit, nous devons nous abstenir de gaspiller du papier et de perdre du temps et de l'extravagance. Ces caractéristiques ont été observées par les commandants des fidèles (paix et bénédictions d'Allah soient sur lui). À la fin de cette phrase, dont j'ai mentionné certaines, ils disent: "Si la propriété des musulmans n'est pas lésée." Les dommages à la propriété musulmane n'étaient pas tolérés par quiconque souhaitait endommager la propriété publique, quoique dans une petite mesure. Cela signifie avoir confiance en soi et en tous les fonctionnaires du Trésor. Telle est la justice du Commandeur des Fidèles (paix et bénédictions d'Allah soient sur lui). Et c'est le sommet que nous devons atteindre. Le noble Imam (que Dieu le bénisse et lui accorde la paix) a également dit, et nous avons tous dit: Il est évident que nous n'atteindrons pas le Commandeur des Fidèles (paix et bénédictions d'Allah soient sur lui). Il est évident que l'homme ordinaire, ni à cette époque, ni même à cette époque, ne pouvait et ne pouvait pas agir comme cet homme noble, ni administrer la justice de cette manière, ni vivre de cette manière. Le fait est que ces imams sont un exemple parfait .

Traces de vol au trésor

Voler signifie voler et prendre secrètement quelque chose que vous n'avez pas le droit de prendre. Voler, en termes islamiques, c'est prendre quelque chose d'un endroit spécial et d'une taille particulière. Comme mentionné, le vol des biens d'autrui, en particulier du Trésor, a des effets destructeurs, dont le plus important est la perte de confiance sociale des responsables du système politique et la crise de sa légitimité, de son acceptabilité et de son efficacité. Dans les versets du Coran pour le vol d'œuvres sont mentionnés, dont certains sont: 1. Privation de la confiance du public: dans de nombreux cas, le vol concerne des personnes ou des choses qu'une personne a placées en confiance avec quelqu'un ou quelque part. En fait, lorsqu'une personne fait confiance à quelqu'un ou à un lieu et trouve la personne ou le lieu digne de confiance, elle y met quelque chose de valeur; Mais en cas de vol, cette confiance est enlevée à la personne ou à l'environnement et remplacée par la suspicion. C'est un problème de problèmes sociaux; Parce que la confiance est le capital social le plus important qui conduit au progrès et au développement économique, culturel et civilisationnel; Avec la perte de cette confiance, le capital social disparaît également et la société est empêchée de progresser et de se développer globalement. Selon le Coran, c'est un grand danger; Mais le plus grand danger est que la personne qui commet le vol se soit frappée avant d'avoir trahi la communauté ou la confiance du peuple; Parce que le voleur s'est en fait trahi, et ce vol est contre lui-même avant qu'il ne vienne des autres; Par conséquent, dans le Coran, Dieu considère le vol et le vol comme une trahison d'un voleur et en interprétant «ils se tuent» montre à quel point le vol peut nuire gravement à la personnalité d'une personne et la priver de ses qualités et vertus humaines. Le Messager de Dieu (que Dieu le bénisse et lui accorde la paix) a dit à propos de la trahison dans le trésor: Celui que nous nommons au-dessus de vous et il cache une aiguille ou quelque chose de plus important de nous, ce traître sera amené avec lui le jour du jugement. avec sa trahison.

2- Violation des droits d'autrui: D'autres effets du vol du trésor du peuple incluent l'oppression. Celui qui vole est hors du cercle de la justice et sera un exemple de tyran; Parce que le voleur non seulement ne paie pas le droit d'autrui, mais en dilapidant les droits d'autrui, il crée des conditions qui nuisent à lui-même et aux autres. Par conséquent, Dieu classe les voleurs comme des oppresseurs; Parce que ces personnes sont hors du cercle de la justice.

3- Corruption: La corruption signifie la destruction et la destruction de quelque chose. Le vol est la cause de la corruption et de la corruption sur terre. Par conséquent, les frères de Joseph, en prétendant qu'ils ne sont pas corrompus sur la terre, évitent le vol; Parce que le vol est considéré comme un exemple de corruption sur terre (Yusuf, verset 73) Puisque le vol selon le Coran est un exemple de corruption et de corruption sur terre, le Coran déclare que si un voleur veut compenser quelque chose après destruction., Doit avoir un comportement correctif afin de corriger la matière corrompue et d'éliminer les effets et les conséquences du vol (Maeda, versets 38 et 39) Sans aucun doute, ceux qui volent le trésor ont une pire performance à cet égard; Parce que leur corruption dans l'arène sociale est si lourde et grave qu'elle peut priver la communauté de la confiance des fonctionnaires et de leur fiabilité et provoquer une crise de légitimité politique du système islamique.

4- Infection par d'autres péchés: Le vol n'est pas seulement un péché mais aussi un crime légal, c'est même la racine d'autres péchés et il infecte aussi l'homme avec d'autres péchés. Les voleurs du trésor peuvent être infectés par d'autres péchés qui les empêchent d'accepter la vérité et les conduisent à tomber et périr .

5- Malédiction divine: Selon les enseignements islamiques, les voleurs sont maudits par Dieu du trésor et en sont expulsés comme le diable. Comme le raconte l'Imam Baqir (as) du Saint Prophète qui a dit: Il y a cinq personnes que moi et chaque prophète qui répond à l'appel avons maudit: celui qui augmente un verset dans le Livre de Dieu et celui qui abandonne ma tradition et ma méthode et celui qui nie le sort et la destinée de Dieu, et celui qui ne garde pas la sainteté de mon Ahl al-Bayt, que Dieu a rendu obligatoire, et quiconque se restreint la propriété publique à lui-même et considère qu'il est licite de la posséder.

Humiliation et humiliation: Le vol du trésor et la trahison ont des effets, parmi lesquels l'humiliation d'un traître et d'un voleur; Le Commandant des Fidèles, Imam Ali (AS), a écrit dans une lettre à l'un de ses agents qui l'avait envoyé chercher Zakat: En effet, dans cette maison, il a commis humiliation et humiliation, et dans cette maison, il devrait être plus humilié et humilié que cette maison. Et la paix.

Sangsues canadiennes

Mohammad Reza Khavari, le grand malfaiteur également connu comme le parrain des malfaiteurs, est l'ancien PDG de Bank Melli Iran et le criminel en fuite dans l'affaire de détournement de fonds de 3 000 milliards de Tomans. Khavari a quitté l'Iran en 1391 avec la participation de facteurs nationaux et étrangers et avec un capital énorme. Il a rapidement fait prospérer son entreprise en changeant de visage et en prenant des mesures telles que se raser la barbe, changer de coiffure et de type de vêtements, avec la richesse pillée des Iraniens, et est devenu l'un des plus grands capitalistes iraniens au Canada. Khawari figurait sur la liste des personnes recherchées d'Interpol depuis un certain temps, mais à la mi-octobre 2016, son nom a été retiré du site Web d'Interpol en tant que personne recherchée en raison du manque de coopération du Canada. La rupture des liens entre l'Iran et le Canada, ainsi que l'existence de gangs en coulisses, ont fait que Khavari profite de sa vie de luxe avec sa famille au Canada et avec les Iraniens vivant dans ce pays. L'inconduite financière dans l'Est ne s'arrête pas à l'implication dans le détournement de 3 000 milliards de dollars. Les projets de construction se sont également déroulés dans les zones les plus chères de Toronto, au Canada. East possède une maison très luxueuse dans l'un des quartiers les plus chers de Toronto, le Riddle Pas, qui abrite des hommes d'affaires, des capitalistes, des artistes et des chanteurs tels que Céline Dion, ce qui est passionnant pour beaucoup, en particulier les Iraniens. Marjan Shaykh al-Islami Al-Agha est l'un des accusés de la grande corruption économique du pays, qui était autrefois le PDG de Deniz Trading Company et Hetra Tejarat. Selon le «juge Masoudi», il est accusé d'avoir participé à la perturbation du système économique du pays pour le montant mentionné et d'avoir obtenu des biens illégaux d'un montant de 7 millions 65 mille 529 euros et 8 millions 710 mille 384 dollars. Il est regrettable que des violateurs tels que Khawari et Shaykh al-Islami aient fui et la non-coopération des pays qui leur accordent l'asile et la citoyenneté, tout en violant les droits de l'homme. Dans le cas de l'Est du Canada, il a refusé de coopérer pour l'arrêter et le rapatrier, car son investissement et celui de sa famille dans le pays ont été très rentables, et il est même allé jusqu'à se voir décerner la Médaille de la capitale de l'Est par les autorités canadiennes. A reçu. Il a même refusé de créer un tribunal avec des avocats iraniens au Canada pour juger Mahmoud Khavari.

Sources et Ressources

Ahmad Ibn Fars, Dictionnaire du langage comparé, Dar al-Fikr, Beyrouth, 1415 AH.
Mirza Mohammad Hassan Ashtiani, Le Livre du Jugement, Zuhair, Téhéran, 2004.
Cheikh Mohammad Hassan Najafi, Jawahar al-Kalam, Dar al-Kitab al-Islamiyya, Téhéran, 1392 AH.
Hosseini Hamedani, Mohammad, Anwar Derakhshan dans l'interprétation du Coran, Lotfi, Téhéran, 1ère édition, 1404 AH.
Ayatollah Makarem, Tafsir Nomoneh, Dar al-Kitab al-Islamiyyah, Téhéran, 10e édition, 1992
Ibn Abi Al-Hadid, Sharh Nahj al-Balaghah, Bibliothèque de l'ayatollah Marashi, Qom, 1404 AH.
Sharif al-Radhi, Muhammad ibn Husayn, Nahj al-Balaghah (pour le matin juste), Hijrat, Qom, première édition, 1414 AH.
Hamid Dehghan, A Study of the Law of Robbery: The Criminology of Robbery and its Comparative Study in Jurisprudence and Related Laws, Islamic Propaganda Office, Qom, 2000.
Abd al-Rahman Jaziri, Jurisprudence sur les quatre religions, Dar al-Thaqalin, première édition, 1419 AH. Ayatollah Makarem,

Encyclopédie de la jurisprudence contemporaine, Imam Ali Ibn Abi Talib School Publications, Qom, première édition, 1427 AH. Allameh Seyyed Mohammad Hossein Tabatabai, traduction de Tafsir Al-Mizan, Teachers Association, Qom, 1999. Sheikh Klini, Kafi, traduit par Mostafavi, Islamic Theological Bookstore, Téhéran, première édition, 1990. Majlisi, Mohammad Baqir bin Mohammad Taqi, Atardi Quchani, Azizullah, Iman va Kafr

Printed by Books on Demand GmbH, Norderstedt / Germany